RELATOS ESTADOUNIDENSES

CREAR LEYES

¿QUÉ HACE NUESTRO GOBIERNO?

DK Reino Unido:
Coordinación editorial Oriel Square
Una producción de Collaborate Agency para DK
Índice analítico James Helling

Autoría Jehan Jones Radgowski
Edición de la colección Megan DuVarney Forbes
Dirección de publicaciones Nick Hunter
Dirección de publicaciones Sarah Forbes
Coordinación de proyectos editoriales Katherine Neep
Coordinación de producción Isabell Schart
Iconografía Nunhoih Guite
Producción editorial Shanker Prasad

Publicado originalmente en los Estados Unidos
en 2023 por Dorling Kindersley Limited,
DK, One Embassy Gardens, 8 Viaduct Gardens,
Londres, SW11 7BW
Parte de Penguin Random House

Título original: *Making the Rules*
Primera edición 2023
Copyright © 2023 Dorling Kindersley Limited
© Traducción en español 2023 Dorling Kindersley Limited
Servicios editoriales: Flores + Books, Inc.
Traducción: Isabel Mendoza

ISBN: 978-0-7440-8267-8

Impreso en China

Los editores agradecen a las personas siguientes su permiso para reproducir sus fotografías:
(Clave: a: arriba; b: bajo/abajo c: centro; f: extremo; l: izquierda; r: derecha; t: superior)

4 The US National Archives and Records Administration: (cra). **5 Getty Images / iStock:** E+ / BirdImages (br). **6 Alamy Stock Photo:** Niday Picture Library (br). **Dreamstime.com:** Joe Sohm (cla). **7 Getty Images:** Saul Loeb / Pool / AFP (cla). **8 Getty Images:** Archive Photos / Stock Montage (br); Shawn Thew / EPA / Bloomberg (clb). **9 Getty Images:** AFP / Saul Loeb / Stringer (cra). **10 Alamy Stock Photo:** Erin Scott / Pool / ABACAPRESS.COM (cra); White House / ZUMA Press Wire (cl). **Getty Images:** Handout / The White House / Pete Souza (br). **11 Alamy Stock Photo:** UPI (br). **12 Alamy Stock Photo:** Abaca Press (cla). **Getty Images:** Stone / Travelpix Ltd (br). **13 Getty Images:** Anna Rose Layden / Stringer (tl). **16 Alamy Stock Photo:** Newscom / BJ Warnick (c). **17 Getty Images:** Bettmann (cra); Handout / Collection of the Supreme Court of the United States / Fred Schilling (br). **18 Shutterstock.com:** John Brueske (cra). **19 Dreamstime.com:** Noracarol (tl). **20 Shutterstock.com:** Daniel J. Macy (bl). **21 Alamy Stock Photo:** Cedric Angeles (tl). **22 Dreamstime.com:** Mark Emge / From Making the Rules by Jehan Jones Radgowski. Copyright © 2023 United Nations. Used with the permission of the United Nations / United Nations (UN) (br). **Shutterstock.com:** Lev Radin (cra). **23 Getty Images:** Visual China Group (bl). **Shutterstock.com:** Lev Radin (tl). **24 Alamy Stock Photo:** Mike Greenslade (cla). **25 Getty Images:** AFP / Ishara S.kodikara / Stringer (crb); Scott Olson / Staff (tl). **27 Getty Images:** Brooks Kraft / Corbis (crb). **28 Getty Images / iStock:** E+ / Nes (cra). **Library of Congress, Washington, D.C.:** LC-DIG-ppmsca-51762 / Leffler, Warren K., photographer (bl). **29 Alamy Stock Photo:** ZUMA Press, Inc. (bl). **Shutterstock.com:** Ron Adar (tr). **30 Shutterstock.com:** Roschetzky Photography (cl). **31 Shutterstock.com:** Lane V. Erickson (tr). **32 Getty Images / iStock:** E+ / LL28 (br). **33 Getty Images:** Corbis Documentary / Jim Sugar (tl); Hearst Newspapers / San Francisco Chronicle / Carlos Avila Gonzalez (crb). **34 Dreamstime.com:** Monkey Business Images (bl). **Library of Congress, Washington, D.C.:** LC-USZ62-15548 / Johnston, Frances Benjamin, 1864-1952, photographer (cla). **35 Dreamstime.com:** Michelle Marsan (tl). **36 Getty Images:** Alex Wong / Staff (bl). **37 Alamy Stock Photo:** Bill Waterson (br). **Getty Images:** Linda Davidson / The Washington Post (cla). **38 Dreamstime.com:** Wavebreakmedia Ltd (cra). **Getty Images:** Mark Wilson / Staff (bl). **38-39 123RF.com:** Leonard Zhukovsky (b). **40 Getty Images:** Angela Weiss / AFP (cr). **41 Library of Congress, Washington, D.C.:** LC-DIG-ggbain-29524 / Bain News Service, publisher (bl). **Shutterstock.com:** Ritu Manoj Jethani (tl). **43 Getty Images:** Archive Photos / Barbara Alper (br). **Getty Images / iStock:** DedMityay (cla). **44 Kid Governor®:** The Connecticut Democracy Center (bl). **45 Kid Governor®:** Haley Martin (tl). **Shutterstock.com:** Stock 4you (br). **47 Dreamstime.com:** Michelle Marsan (br). **Getty Images:** Scott Olson / Staff (tr). **Library of Congress, Washington, D.C.:** LC-USZ62-15548 / Johnston, Frances Benjamin, 1864-1952, photographer (cr).

Resto de las imágenes © Dorling Kindersley

Ilustración: Karen Saavedra

Para mentes curiosas
www.dkespañol.com

CONTENIDO

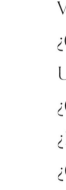

¿QUÉ ES NUESTRO
GOBIERNO?

★ ★

Vives en una **comunidad**. La comunidad se encuentra en un pueblo o una ciudad, que es parte de un condado. El condado está en un estado. El estado es parte de Estados Unidos de América. Como ciudadanos de EE. UU., tú y tu familia pueden tomar decisiones como, por ejemplo, en qué estado vivir. ¿Quién toma las decisiones para el país entero? ¿Por qué estas personas pueden tomar esas decisiones?

LA CONSTITUCIÓN

Un gobierno está compuesto por un sistema de normas y la gente que las crea y se asegura de que se cumplan. Las ciudades, los condados y los estados también tienen gobiernos. El gobierno de EE. UU. es una república **democrática**. Es una república porque es administrada por personas elegidas. Es democrática porque quienes eligen a estas personas son los ciudadanos, a través del voto. Estas personas son sus **representantes**. La mayoría de los países tienen algún tipo de gobierno democrático, aunque hay muchos en los cuales los ciudadanos no eligen el gobierno. Algunos países son **monarquías**, es decir que son gobernados por un rey o una reina.

Estados Unidos se fundó sobre la idea de que tres grupos distintos, o ramas, deben compartir el control del gobierno. Esto se llama separación de poderes. La rama ejecutiva incluye al presidente y a los miembros de su **gabinete**. La rama legislativa, o Congreso, crea las leyes. La rama **judicial**, o las cortes y los jueces federales, interpreta las leyes.

¿Cómo se asignan esos cargos y qué hacen estas personas?

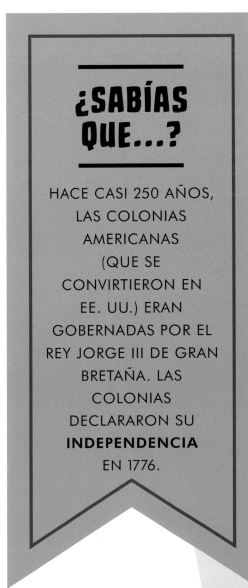

¿SABÍAS QUE...?

HACE CASI 250 AÑOS, LAS COLONIAS AMERICANAS (QUE SE CONVIRTIERON EN EE. UU.) ERAN GOBERNADAS POR EL REY JORGE III DE GRAN BRETAÑA. LAS COLONIAS DECLARARON SU **INDEPENDENCIA** EN 1776.

EL ÁGUILA CALVA ES UN SÍMBOLO DE ESTADOS UNIDOS.

¿QUÉ HACE NUESTRO
PRESIDENTE?

★ ★ ★ ★ ★ ★ ★ ★ ★ ★ ★ ★ ★ ★ ★ ★ ★ ★ ★ ★

El presidente es el líder de EE. UU. En 1789, George Washington se convirtió en el primer presidente. Antes de ser presidente, Washington dirigió al ejército colonial en contra de los británicos en la Guerra de Independencia, que tuvo lugar entre 1775 y 1783.

Joe Biden prestó juramento como el 46.º presidente el 20 de enero de 2021. Los presidentes casi siempre comienzan su mandato el 20 de enero. Grandes multitudes se reúnen en Washington, D. C., para la ceremonia de investidura presidencial, y millones la ven por televisión.

THE WASHINGTON MONUMENT REMEMBERS THE FIRST PRESIDENT.

El trabajo principal del presidente es hacer cumplir las leyes de EE. UU. No es una tarea fácil. Tiene que prestar atención a informes y consejos de todas las secciones del gobierno **federal**, y luego tomar decisiones. El presidente también es el Comandante en Jefe de las fuerzas armadas de EE. UU., lo que significa que toma decisiones sobre las acciones militares.

GEORGE WASHINGTON

¿CON QUÉ FRECUENCIA SE ELIGE AL PRESIDENTE? ★

JOE BIDEN

El presidente se elige cada cuatro años. Un presidente puede ganar una campaña de reelección una sola vez. Esto significa que el tiempo máximo que cada presidente puede durar en el cargo son ocho años. El presidente tiene la responsabilidad constitucional de pronunciar, una vez al año, el Discurso del Estado de la Unión, en el cual explica lo que está ocurriendo en el país.

Cada candidato a presidente elige a su vicepresidente antes de las elecciones. Biden eligió a Kamala Harris. Harris se convirtió en la primera mujer vicepresidenta. También es la primera mujer de color en ocupar ese cargo.

DENTRO DE LA
CASA BLANCA

★ ★ ★ ★ ★ ★ ★ ★ ★ ★ ★ ★ ★ ★ ★ ★ ★ ★ ★ ★

La Casa Blanca tiene 132 habitaciones, y allí trabajan unas noventa personas. El presidente y su familia viven en la residencia, que está a unos pasos del **despacho oval**.

El presidente trabaja en su escritorio del despacho oval en el **ala oeste** de la Casa Blanca. La Sala de Prensa, la Sala de Crisis y demás salas de reuniones también se encuentran en el ala oeste.

En la Sala de Prensa, el secretario de prensa se reúne con periodistas todos los días para responder preguntas. La Primera Enmienda a la Constitución garantiza la libertad de prensa; esto quiere decir que los periodistas pueden escribir o decir lo que quieran sobre el presidente. Por ejemplo, pueden escribir o decir si creen que está haciendo un buen trabajo o no.

MAPA DEL ALA OESTE DE LA CASA BLANCA

Sala de prensa · Oficinas de los corresponsales de prensa · Sala de las palmas · Oficina del secretario de prensa · Sala del gabinete · Oficina del vicepresidente · Vestíbulo · Sala Roosevelt · Oficina del jefe de gabinete · Despacho oval · Comedor · Estudio

ABIGAIL ADAMS FUE LA PRIMERA PRIMERA DAMA EN VIVIR EN LA CASA BLANCA.

El presidente participa en sesiones informativas secretas en la **Sala de Crisis**. También hay una habitación insonorizada para hacer llamadas privadas. Miembros claves de las fuerzas armadas y representantes del gobierno trabajan en la Sala de Crisis.

Los trabajadores de la Casa Blanca dicen que cada día es distinto. A veces tienen cuatro o cinco eventos. Por ejemplo, el presidente podría desayunar con un líder extranjero que esté de visita. Después de algunas llamadas, el presidente podría reunirse con el ganador del Concurso Nacional de Ortografía. Esa misma noche, podría ser el anfitrión en un acto de condecoración de soldados que defendieron la patria.

VIVIR EN LA
CASA BLANCA

★ ★ ★ ★ ★ ★ ★ ★ ★ ★ ★ ★ ★ ★ ★ ★ ★

Si tu padre es el presidente, creces en la Casa Blanca. Chelsea Clinton, Jenna y Barbara Bush, y luego Malia y Sasha Obama fueron hijas de la Casa Blanca recientemente. En 2017, **Baron Trump** se convirtió en el primer niño varón en crecer en la Casa Blanca desde John F. Kennedy, Jr., en la década de 1960.

BARON TRUMP

De alguna manera, los niños de la Casa Blanca llevan una vida normal. Van a la escuela, hacen tareas y tienen amigos que se quedan a dormir. Sin embargo, a veces, ven a gente famosa o líderes mundiales en su propia casa. Además, agentes del Servicio Secreto los siguen a todas partes, incluso a la escuela.

EL GATO WILLOW BIDEN ES ADOPTADO. LLEGÓ CON EL PRESIDENTE BIDEN A LA CASA BLANCA.

Muchos presidentes han llevado sus mascotas a vivir con ellos en la Casa Blanca. El presidente Barack Obama tenía dos **perros de agua portugueses** llamados Bo y Sunny. Otros presidentes han tenido caballos, lagartijas e incluso una vaca.

★ CELEBRACIONES ★ EN LA CASA BLANCA

Una tradición en la Casa Blanca es la **celebración** de los días feriados. Casi todas las primaveras hay una carrera de huevos de Pascua. Comenzó en 1878 cuando unos niños visitaron la Casa Blanca en Pascua y le preguntaron al presidente Rutherford B. Hayes si podían jugar. Desde entonces, siempre se ha hecho ese día algún tipo de celebración. A menudo, invitan a niños cuyos padres están en las fuerzas armadas. En la Casa Blanca también se celebran la Navidad, Hanukkah, el Día de Acción de Gracias y el Cuatro de Julio.

CARRERA ANUAL DE HUEVOS DE PASCUA

¿QUÉ HACE EL CONGRESO?

★ ★ ★ ★ ★ ★ ★ ★ ★ ★ ★ ★ ★ ★ ★ ★ ★ ★

La **legislatura** incluye ambas cámaras del Congreso: el Senado y la Cámara de Representantes. Los senadores y miembros de la Cámara son elegidos por los ciudadanos. La legislatura crea nuevas leyes, como leyes para recaudar nuevos impuestos. Además, el Congreso tiene que aprobar casi cualquier decisión que afecte el funcionamiento del país.

★ AYUDAR A PERSONAS ★ CON DISCAPACIDADES

El Congreso crea leyes para que el país funcione sin problemas y se trate a los ciudadanos de forma justa. Los planes para modificar una ley comienzan cuando ciudadanos se manifiestan. Los ciudadanos se pueden reunir con sus representantes en el Congreso para exigir cambios.

Por ejemplo, en el pasado, no había leyes para garantizar que las personas con discapacidades pudieran utilizar el transporte y los baños públicos, o acceder a lugares como escuelas y parques. Estos ciudadanos también eran tratados injustamente cuando solicitaban empleo. Muchos activistas alegaron que todos los estadounidenses deberían tener los mismos derechos.

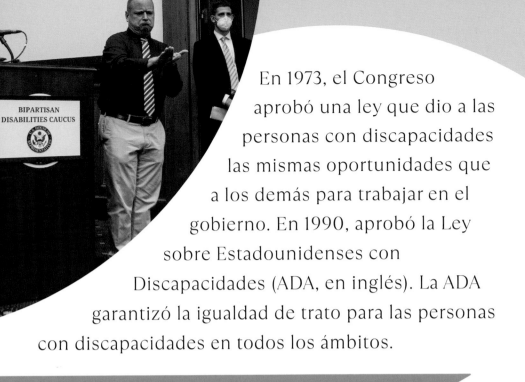

En 1973, el Congreso aprobó una ley que dio a las personas con discapacidades las mismas oportunidades que a los demás para trabajar en el gobierno. En 1990, aprobó la Ley sobre Estadounidenses con Discapacidades (ADA, en inglés). La ADA garantizó la igualdad de trato para las personas con discapacidades en todos los ámbitos.

★ DE CUBA A ★ WASHINGTON

Cuando Ileana Ros-Lehtinen era joven, ella y su familia huyeron de Cuba y llegaron a EE. UU. como refugiados. Un **refugiado** es una persona que abandona su país natal en busca de seguridad en otro país. Ileana se hizo maestra. Había cosas que quería cambiar sobre la educación, así que se decidió por la política. En 1986, se convirtió en el primer estadounidense de origen cubano y la primera mujer hispana en el Senado. Trabajó para cambiar leyes sobre el medioambiente, la política internacional y los derechos humanos.

ILEANA ROS-LEHTINEN REPRESENTÓ EL DISTRITO CONGRESIONAL 27 DE FLORIDA DESDE 1989 HASTA 2019.

UN DÍA EN LA VIDA DE UN MIEMBRO DEL
CONGRESO

★ ★ ★ ★ ★ ★ ★ ★ ★ ★ ★ ★ ★ ★ ★ ★ ★ ★ ★

Imagina que formas parte del Congreso. ¿Cómo es tu día?

8:00 a. m.   Reunión con el personal. El personal hace investigaciones, y ayuda al congresista a tomar decisiones.

9:00 a. m.   Café con otro congresista. Tienes un proyecto de ley, pero debes asegurarte de que lo apoyen. También verás en qué está trabajando tu colega. Quizá tenga un proyecto que puedas apoyar.

10:00 a. m.

Presentas tu proyecto de ley al Congreso. Algunos miembros no están de acuerdo con tu proyecto, pero necesitas convencerlos de que es importante.

12:00 m.   Sándwich y una caminata corta. Después, revisas tu correo electrónico.

2:00 p. m.

Regresas a la cámara para votar un proyecto de ley.

3:00 p. m.

Una videollamada con estudiantes de tu estado. Quieren que protejas un humedal de tu localidad. Una empresa quiere

construir un centro comercial cerca. Quieres más empleos para tu ciudad, pero los estudiantes tienen mucha razón. En el humedal viven aves e insectos. ¡Debes protegerlo!

4:00 p. m.

Juegas un partido amistoso de baloncesto con otros congresistas.

6:00 p. m. Terminó el partido. Perdió tu equipo, pero habrá otras oportunidades. Hay que irse a casa y cenar.

8:00 p. m.

Buscas la forma de proteger el humedal y construir el centro comercial, Presentarás un proyecto de ley para proteger

el humedal. Pedirás a la empresa que construya en un lote baldío al otro de la ciudad. Todos quedarán contentos.

10:00 p. m. Estás cansada. ¡A la cama!

¿QUÉ HACE LA CORTE SUPREMA?

★ ★ ★ ★ ★ ★ ★ ★ ★ ★ ★ ★ ★ ★ ★ ★ ★ ★ ★ ★

El presidente lidera la nación haciendo cumplir la ley. El Congreso crea las leyes. La Corte Suprema decide si se han infringido las leyes y qué hacer al respecto. También toma decisiones relativas a la Constitución, que establece las normas sobre cómo se gobierna en EE. UU.

EL PRESIDENTE ELIGE A LOS MAGISTRADOS Y EL SENADO LOS CONFIRMA.

Los miembros de la Corte Suprema se llaman **magistrados**. Hay un presidente y ocho magistrados asociados.

La Corte Suprema ha tomado decisiones que han impactado la vida de muchos. También ha tumbado decisiones tomadas por la Corte en otras épocas. Un caso famoso fue el de Brown contra la Junta de Educación. En algunos estados, los niños blancos y negros asistían a diferentes escuelas y no recibían una educación igualitaria. En 1954, la Corte decidió que esto era ilegal y que separar niños según su raza era inconstitucional, o no permitido por la Constitución de EE. UU.

★ LA LIBERTAD DE EXPRESIÓN ★

En 1969, tres estudiantes fueron suspendidos por llevar brazaletes negros como símbolo de protesta contra la guerra de Vietnam. La

escuela les dijo que se los quitaran o se fueran a casa. Los estudiantes dijeron que tenían derecho a la libertad de opinión y expresión. Esto significa que todos tienen derecho a decir lo que quieren o expresarse sin meterse en problemas. La Corte Suprema dijo que los estudiantes tenían razón. Toda persona tiene derecho a la libertad de expresión, incluso cuando está en la escuela. Sin embargo, la Corte también dijo que esta libertad tiene sus límites. Los estudiantes no pueden interrumpir la jornada escolar ni dificultar el aprendizaje de otros.

LA HONORABLE MAGISTRADA KETANJI BROWN JACKSON INGRESÓ A LA CORTE SUPREMA EN 2022.

¿DE DÓNDE PROVIENE EL DINERO DEL GOBIERNO?

★ ★ ★ ★ ★ ★ ★ ★ ★ ★ ★ ★ ★ ★ ★ ★ ★ ★ ★

El gobierno necesita dinero para pagar a todos sus empleados y financiar sus programas. El **dinero** que tiene el gobierno nacional sale del presupuesto federal. El presupuesto federal proviene principalmente de individuos y empresas.

La Decimonovena **Enmienda** a la Constitución le otorga permiso al gobierno para cobrar impuestos sobre el dinero que la gente gana. Esto significa que, cuando trabajas, parte del dinero que ganas va al gobierno. Hay otros impuestos también, como los impuestos sobre algunos bienes que se traen al país. El gobierno usa este dinero para pagar por cosas que nos benefician a todos. Por ejemplo, este dinero se usa para mantener activas las fuerzas armadas que protegen el país.

EL PRESIDENTE ABRAHAM LINCOLN CREÓ EL PRIMER IMPUESTO A LA RENTA, EN 1861.

Hay un gran debate en torno a los impuestos. Algunas personas dicen que son demasiados altos. Otros dicen que los impuestos deberían ser más altos. Algunos piensan que el dinero que recibe el gobierno debe ser gastado de manera diferente. Según dónde vivas, **puede haber también impuestos gubernamentales estatales y locales.**

REVOLUCIÓN EN CONTRA ★DE LOS IMPUESTOS★

La Guerra de Independencia comenzó porque los colonos no querían pagarle impuestos al gobierno británico. La diferencia es que el gobierno británico quería que los colonos cumplieran las normas británicas y pagaran impuestos, pero que no tuvieran voz alguna en el gobierno. A esto se le conocía como tributación sin representación. Esto no les gustaba en absoluto a los colonos, así que se rebelaron. Primero se negaron a pagar impuestos y luego tomaron las armas.

TÉ

¿QUÉ HACE EL
DEPARTAMENTO DE ESTADO?

★ ★

Cuando EE. UU. comenzó su lucha por la independencia de Gran Bretaña, la nueva nación necesitaba amigos en el extranjero. Desarrollar relaciones con otras naciones se llama **diplomacia**.

Benjamin Franklin es conocido como uno de los Padres Fundadores de EE. UU. y por sus investigaciones científicas. ¿Sabías que también fue el primer diplomático estadounidense? En 1776, Franklin fue enviado a Francia para obtener el apoyo francés para la independencia. Instó a los franceses a ayudar a los colonos y darles suministros, dinero y soldados.

BENJAMIN FRANKLIN

DIPLOMACIA DE EE. UU.

El Departamento de Estado envía diplomáticos, nombrados por el presidente, a países extranjeros. Estos diplomáticos actúan como representantes de nuestro país y trabajan para mejorar nuestras relaciones con el país al que han sido enviados. Una de sus labores es potenciar los intereses comerciales de EE. UU. en otros países. También ayudan a estadounidenses en el extranjero que se encuentran en dificultades.

Los diplomáticos trabajan en los consulados y las embajadas de EE.UU., ubicadas en el país a donde los han enviado. La embajada es dirigida por el **embajador**, o el Jefe de la Misión. Algunas embajadas son muy grandes, mientras que otras son pequeñas. Los diplomáticos forman parte del Servicio Exterior. Viven en un país de dos a cuatro años y luego se van a otro país. Algunos hablan muchos idiomas. También es importante que aprendan las costumbres del país anfitrión.

LOS HIJOS DE LOS DIPLOMÁTICOS SUELEN CRIARSE EN EL EXTRANJERO.

ASISTEN A ESCUELAS INTERNACIONALES Y LOCALES.

Los hijos de los diplomáticos a menudo aprenden el idioma del país en el que viven. Las clases pueden ser muy distintas a las de EE. UU. En Rusia, los hijos de los diplomáticos patinan en el hielo en la clase de educación física.

COLABORAR CON
OTRAS NACIONES

★ ★ ★ ★ ★ ★ ★ ★ ★ ★ ★ ★ ★ ★ ★ ★ ★ ★

Estados Unidos trabaja de manera individual con otros países con la ayuda de los diplomáticos. También colabora con otros países a través de organizaciones internacionales como las Naciones Unidas.

¿QUÉ ES NACIONES UNIDAS?

La Organización de las Naciones Unidas, u ONU, se fundó en 1945, después de la Segunda Guerra Mundial, para ayudar a los países a desarrollar relaciones pacíficas entre sí. La ONU tiene 193 países miembros. Su sede principal está en la Ciudad de Nueva York.

La ONU es un lugar donde personas de todos los países pueden hablar de los problemas que enfrentan, como la guerra y el cambio climático. Los líderes intentan encontrar soluciones a los problemas del mundo.

La ONU reconoce ciertos días mundiales. Estos días especiales sirven para educar a la gente y promover causas especiales. Si la ONU lo reconoce, muchos países siguen el ejemplo. Estos son algunos:

* Día Mundial del Agua, el 22 de marzo

* Día Mundial de Concienciación sobre el Autismo, el 2 de abril

* Día Internacional de la Juventud, el 12 de agosto.

Estados Unidos también trabaja con otros países mediante acuerdos internacionales llamados tratados. El Senado aprueba estos tratados y el Departamento de Estado administra la mayoría de los que firma EE. UU. Se han hecho tratados sobre temas tan distintos como los derechos humanos, el medioambiente y el comercio.

¿SABÍAS QUE...?

MUCHOS DEPORTES TAMBIÉN ESTÁN ORGANIZADOS INTERNACIONALMENTE. LOS JUEGOS OLÍMPICOS DE VERANO Y DE INVIERNO CONECTAN AL MUNDO CADA CUATRO AÑOS, AL IGUAL QUE LOS PARALÍMPICOS, PARA ATLETAS CON DISCAPACIDADES. ¿SABÍAS QUE TAMBIÉN EXISTEN LOS JUEGOS OLÍMPICOS DE LA JUVENTUD? EN ESTOS JUEGOS, MÁS DE 200 PAÍSES ENVÍAN LOS MEJORES CHICOS ENTRE 15 Y 18 AÑOS PARA COMPETIR.

LAS FUERZAS ARMADAS DE EE. UU.
PROTEGEN A LOS ESTADOUNIDENSES

★ ★ ★ ★ ★ ★ ★ ★ ★ ★ ★ ★ ★ ★ ★ ★ ★ ★

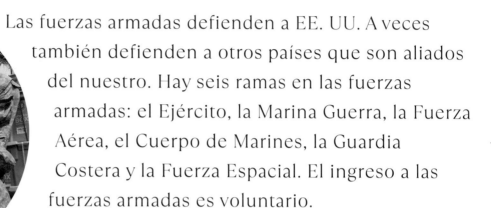

Las fuerzas armadas defienden a EE. UU. A veces también defienden a otros países que son aliados del nuestro. Hay seis ramas en las fuerzas armadas: el Ejército, la Marina Guerra, la Fuerza Aérea, el Cuerpo de Marines, la Guardia Costera y la Fuerza Espacial. El ingreso a las fuerzas armadas es voluntario.

★ ¿QUÉ HACEN LAS ★ FUERZAS ARMADAS?

Los miembros de las fuerzas armadas realizan distintos trabajos. Por ejemplo:

- ayudar después de un desastre natural en el suministro de alimentos o asistencia médica,

- detener a piratas (sí, ¡todavía hay piratas causando problemas en alta mar!),

- apoyar a las fuerzas policiales

- y proporcionar seguridad en embajadas de EE. UU. en el extranjero.

★ ENTRENAMIENTO ★ MILITAR

Cuando alguien ingresa a las fuerzas armadas, suele recibir un entrenamiento básico, que le sirve para preparar su mente y su cuerpo para formar parte de las fuerzas armadas. Podría tener que llevar mochilas pesadas mientras corre varias millas, aprender a usar armas o escalar edificios. Sin importar el servicio, el entrenamiento básico enseña a trabajar en equipo.

No todos entran en combate. Hay también médicos, fotógrafos, músicos, programadores de computadoras y científicos que trabajan en las fuerzas armadas.

LA CIA,
EL SERVICIO SECRETO Y EL DEPARTAMENTO DE SEGURIDAD NACIONAL

★ ★

★ LA CIA—AGENCIA CENTRAL DE INTELIGENCIA ★

¿Puedes guardar un secreto? ¡Un agente de la CIA sí puede! Cuando uno de estos agentes se entera de alguna cosa que no todos conocen sobre una persona, una empresa o un país, a esa información se le llama inteligencia. La CIA es una **agencia** del gobierno de EE. UU. que obtiene inteligencia de otros países. Sus agentes estudian esa información y luego se la pasan al presidente y a otros líderes, como miembros del Congreso. El presidente usa la información para tomar decisiones.

★ EL SERVICIO SECRETO ★

Otra agencia que puede guardar un secreto es el Servicio Secreto. Protegen al presidente, a su familia y a otros líderes. También protegen a líderes de otros países cuando visitan EE. UU. Pocos saben que el Servicio Secreto también protege el dinero y el sistema financiero de EE. UU. Si alguien creara dólares falsos, el Servicio Secreto encontraría y detendría a esa persona.

EL DEPARTAMENTO DE SEGURIDAD NACIONAL

El 11 de septiembre de 2001, unos terroristas secuestraron cuatro aviones en EE. UU. Los utilizaron como armas e hicieron que impactaran en el World Trade Center, en Nueva York, y el Pentágono, en Washington, D. C. Un cuarto avión se estrelló en un terreno en Pensilvania antes de alcanzar el objetivo previsto. Mucha gente murió en los ataques y muchos más resultaron heridos.

En respuesta a la tragedia del 11 de septiembre, el presidente George W. Bush creó el Departamento de Seguridad Nacional de EE. UU. (DHS, en inglés). Su misión es proteger al país de amenazas como el **terrorismo**. El DHS también se esfuerza para protegernos de desastres naturales. Hace planes para enfrentar condiciones climáticas extremas, como tornados, así como terremotos, y tiene programas de capacitación para atender desastres naturales. El DHS también ayuda a personas cuyos hogares y negocios han sido destruidos por los desastres.

EL PRESIDENTE GEORGE W. BUSH

LA POLICÍA

Y LAS FUERZAS POLICIALES

★ ★

★ LA FBI ★

Antes de 1908, no había ninguna agencia que pudiera investigar crímenes. Nadie podía rastrear a criminales mientras se movían de un estado a otro ni detener a alguien que violaba leyes en varios estados. En 1908 se creó la Agencia Federal de Investigaciones (FBI, en inglés) como una agencia nacional de fuerzas policiales y para proteger a los estadounidenses.

Todos los días, agentes de la FBI localizan criminales, interceptan **delitos cibernéticos,** impiden que otros países decubran nuestra inteligencia y más. En casos que involucran múltiples estados, los agentes de la FBI podrían colaborar con departamentos estatales de policía.

★ LA POLICÍA ★

Los departamentos de policía hacen cumplir las leyes estatales y locales. Gran parte de su financiación proviene de su localidad. La primera fuerza policial estadounidense fue creada en Boston en 1838 para proteger del robo a los negocios de la ciudad.

Cientos de años después, la policía todavía **hace cumplir** las leyes estatales y locales, leyes que protegen a empresas y también a individuos. La policía tiene una estrecha relación con las comunidades locales, lo que fomenta la confianza y ayuda a combatir el crimen.

Hay departamentos de policía de todos los tamaños. El Departamento de Policía de Nueva York (NYPD, en inglés) cuenta con 50,000 empleados, mientras que la policía de una ciudad pequeña podría tener solo cinco oficiales. Los oficiales trabajan en equipo para investigar crímenes, manejar accidentes de tráfico y responder a emergencias.

¿SABÍAS QUE...?

ALGUNOS DEPARTAMENTOS DE POLICÍA TIENEN UNA UNIDAD CANINA (O K-9) CONFORMADA POR PERROS CON ENTRENAMIENTO ESPECIAL Y LOS OFICIALES QUE TRABAJAN CON ELLOS. LOS PERROS POLICÍA PUEDEN AYUDAR A BUSCAR NIÑOS EXTRAVIADOS, ENCONTRAR PISTAS EN ESCENAS DE CRÍMENES Y AVERIGUAR SI ALGUIEN OCULTA DROGAS O **EXPLOSIVOS**. NUNCA ACARICIES A UN PERRO POLICÍA. SI ESTÁ TRABAJANDO, ESTARÁ TRATANDO DE CONCENTRARSE PARA SEGUIR LAS ÓRDENES DE SU ENTRENADOR.

PROTEGER

EL MEDIOAMBIENTE

★ ★

Estados Unidos tiene varios tipos de ambientes naturales, desde polares hasta tropicales. El país tiene lagos, océanos, montañas, selvas tropicales, tierras de cultivo y ciudades. Todas estas áreas necesitan atención y debemos crear normas para asegurarnos de que estén protegidas.

★ LA EPA ★

La Agencia de Protección Ambiental (EPA, en inglés) está a cargo de proteger el medioambiente de EE. UU. La EPA también trata de encontrar maneras de que vivamos con el cambio climático y de evitar que empeore. **Cambio climático** significa que lloverá más en algunas áreas y será más caliente y más seco en otras.

EL NPS

EL PARQUE NACIONAL YELLOWSTONE, EN WYOMING

En 1872, el Congreso de EE. UU. creó el primer parque nacional. Fue Yellowstone, en Wyoming. En este parque extenso y salvaje viven osos y bisontes, y hay muchos manantiales de agua caliente llamados **géiseres**. Ciudadanos ambientalistas le pidieron al Congreso que creara más parques nacionales. En 1916, el presidente Woodrow Wilson fundó el Servicio de Parques Nacionales (NPS, en inglés). El NPS es parte del Departamento del Interior. Hoy, protege más de ochenta millones de acres en los cincuenta estados. Hay más de cuatrocientos parques.

¿QUÉ HACEN LOS GUARDABOSQUES?

Las personas que trabajan en el NPS se llaman guardabosques, y cumplen muchas funciones. Algunos reciben a los visitantes. Otros crean programas para su parque, para que los visitantes puedan aprender sobre los asombrosos espacios naturales de EE. UU. Algunos protegen su parque de personas que quieren talar árboles o cazar animales silvestres de manera ilegal. Otros guardabosques están listos para **ayudar** a las personas que se lastiman.

PLANEA UNA VISITA A UN
PARQUE NACIONAL

★ ★ ★ ★ ★ ★ ★ ★ ★ ★ ★ ★ ★ ★ ★ ★ ★ ★ ★ ★

Todos los parques nacionales son diferentes. En ellos puedes acampar o dormir en una cabaña. Hay sitios donde puedes nadar o esquiar. Para llevar a cabo una aventura en un parque nacional, primero se debes hacer un plan.

★ PASO UNO ★

Revisa tu presupuesto para ver hasta dónde puedes viajar. Si vives en California, ¡tienes suerte! Es el estado con **más** parques nacionales.

PASO DOS ★

¿Qué tipo de **aventura** buscas? Si quieres abrazar un árbol, visita el Parque Nacional Secuoya, que tiene algunos de los árboles más grandes del mundo. ¿No tienes miedo a las alturas? Viaja al Parque Nacional del Gran Cañón, en Arizona. Puedes hacer una caminata o montar en bicicleta a lo largo del borde Sur.

EL PARQUE NACIONAL SECUOYA, EN CALIFORNIA

EL PARQUE NACIONAL DE LOS VOLCANES. EN HAWÁI

PASO TRES

¿Cuando viajarás? ¿Dependen tus actividades del tiempo? Echa un vistazo al Parque Nacional Acadia, en Maine, para caminar con raquetas de nieve. Si prefieres el tiempo cálido y soleado, viaja al Parque Nacional de los Volcanes de Hawái. ¡Cuidado, hay volcanes **activos**!

PASO CUATRO

Consulta la página web de NPS, www.nps.gov. Tiene mapas de los parques y **consejos** sobre lo que debes empacar. Averigua si el parque al que piensas ir tiene alguna restricción o un evento especial en esos días.

PASO CINCO

¡Diviértete! Cuando llegues, preséntate a los guardabosques. Las condiciones del tiempo u otros problemas pueden afectar tu viaje. Sigue las instrucciones de los guardabosques, como ¡no tomar selfis con los osos! ¡Llévate tu basura cuando te vayas, pero nada más! Deja todas las plantas, piedras y conchas marinas para el disfrute de la próxima persona o animal. Los parques nacionales son unos de nuestros mayores tesoros. **¡Pásalo bien!**

SI NO PUEDES VIAJAR AHORA. NO TE PREOCUPES. MUCHOS PARQUES TIENEN VISITAS VIRTUALES Y OTROS TIENEN CÁMARAS WEB OCULTAS. BUSCA INFORMACIÓN EN WWW.NPS.GOV.

LAS ESCUELAS
Y LA EDUCACIÓN

Los primeros líderes de EE. UU. sabían que los ciudadanos de la nueva nación necesitarían escuelas y educación. La **educación** les daría a los ciudadanos la capacidad para leer y comprender cuestiones políticas y, una vez que tuvieran la edad suficiente, elegir por quién votar. En el siglo XVIII, solo unos pocos niños podían ir a escuelas privadas. Para 1830, la mayoría de los estados ya tenían escuelas públicas, y la mitad de los niños iban a la escuela primaria, aunque la mayoría no asistiría a la escuela secundaria.

Cuando se redactó la Constitución, la educación no se reconoció como un derecho de todos. Sin embargo, la Décima Enmienda aclara que cualquier poder que la Constitución no le otorgue al gobierno federal les correspondería a los estados. Por lo tanto, los gobiernos estatales y locales tienen mayor control sobre la educación. Ellos deciden qué se enseña y qué no se enseña en una escuela. La Decimocuarta Enmienda a la Constitución aclara que los estados deben tratar a todos los ciudadanos equitativamente. La ley ordena en todos los estados que los niños asistan a la escuela, y el Departamento de Educación se asegura de que todos los estudiantes tengan los mismos derechos.

Si bien la escuela generalmente es para todos, las universidades son **privadas**, lo que significa que los estudiantes tienen que pagar una matrícula costosa. El gobierno ayuda a algunos estudiantes dándoles un préstamo. Los estudiantes usan este dinero para pagar sus matrículas universitarias, pero deben devolvérselo al gobierno después.

¿SABÍAS QUE...?

CADA SISTEMA ESCOLAR ESTATAL PUEDE DECIDIR EN GENERAL CÓMO FUNCIONAN SUS ESCUELAS. ALGUNAS ESCUELAS TIENEN CLASES DE EDUCACIÓN FÍSICA TODOS LOS DÍAS O ENSEÑAN VARIOS IDIOMAS. EN DIFERENTES SISTEMAS ESCOLARES, LOS NIÑOS PRESENTAN DIFERENTES EXÁMENES. MILES DE NIÑOS NO VAN A LA ESCUELA EN ABSOLUTO, PERO SU APRENDIZAJE OCURRE EN CASA.

LAS AGENCIAS
FEDERALES

★ ★ ★ ★ ★ ★ ★ ★ ★ ★ ★ ★ ★ ★ ★ ★ ★ ★ ★

Hay más de cien agencias federales que realizan importantes trabajos para el gobierno. He aquí algunas que te pueden parecer interesantes.

★ LA OFICINA DEL CENSO ★

Cada diez años, la Oficina del Censo cuenta a todas las personas que viven en el país. La Constitución dice que hay que contar a cada persona. La información se utiliza para decidir cuántos representantes debe tener cada estado en la Cámara. También le sirve al gobierno para tomar decisiones, como cuántas carreteras o escuelas hay que construir.

LOS ARCHIVOS ★ NACIONALES ★

En los Archivos Nacionales se **preservan los documentos** de la nación. Allí se guardan los documentos creados por el gobierno federal. La Constitución se conserva en esos archivos. También hay otros documentos, como notas de los presidentes a líderes extranjeros. Los archivos mantendrán estos documentos seguros para siempre.

LA INSTITUCIÓN ★SMITHSONIAN★

La Institución Smithsonian es el complejo de museos más grande del mundo. Incluye 19 museos y el Zoológico Nacional. En el Museo Nacional de Historia Natural, puedes pasear por el Pabellón de las Mariposas, donde viven trescientas mariposas. En el Museo Nacional del Indígena Americano, **se pueden ver artefactos de más de 12,000 años de antigüedad.**

EL COMANDO ESPACIAL ★ (SPACECOM) ★

La responsabilidad del SpaceCom es garantizar que EE. UU. esté protegido en caso de un ataque proveniente del espacio. Mayormente, vigilan que ningún enemigo use satélites como armas. El SpaceCom no debe confundirse con la Administración Nacional de Aeronáutica y el Espacio (NASA, en inglés). La NASA está a cargo de la exploración espacial. Actualmente, la NASA está intentando regresar a la Luna.

EL CUARTO PODER:
¿QUÉ HACEN LOS MEDIOS DE COMUNICACIÓN?

★ ★

Los **medios de comunicación** se conocen como el cuarto poder, e incluyen los periódicos, las estaciones de radio y televisión y la Internet.

En una democracia, los periodistas ayudan al gobierno a mantenerse encaminado. Informan sobre las actividades del gobierno. Informan cuando las personas son elegidas y cuando se finalizan los proyectos. También reportan malas noticias. Reportan cuando el gobierno desperdicia dinero o cuando hay un caso de fraude. Por ejemplo, el gobierno gasta millones de dólares cada año en la calefacción y el mantenimiento de edificios vacíos que no se están usando.

La Constitución exige que el Congreso proteja la libertad de prensa:

"El Congreso no hará ley alguna... que prohíba... la libertad de expresión o de prensa...".

En países sin libertad de prensa, los periodistas a veces van a la carcel si publican artículos en contra del gobierno.

★ ¿QUÉ SON ★ NOTICIAS FALSAS?

Las noticias falsas ("fake news") son informaciones incorrectas que alguien crea y transmite a otros. Algunas personas crean noticias falsas porque no les gusta la verdad. Otros las crean para tratar de convencer a la gente de que cambie de opinión sobre un tema. Por ejemplo, si alguien no quiere cepillarse los dientes, podría comenzar a decir que los dentistas ahora dicen que cepillarse los dientes es malo para la salud.

Las noticias falsas son cada vez más comunes, y a menudo se difunden en las redes sociales.

¡TODOS DEBEN VERIFICAR LA FUENTE DE LA INFORMACIÓN QUE RECIBEN!

ABIERTO

NOTICIAS NOTICIAS

NOTICIAS NOTICIAS

¿QUÉ HACEN LOS GOBERNADORES?

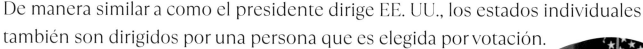

Cada uno de los cincuenta estados tiene su propio gobierno. Los gobiernos estatales están organizados de manera similar al gobierno federal. Los estados tienen órganos judiciales y legislativos. Todos los estados tienen agencias que trabajan en áreas como la educación y la salud. Muchos estados recaudan impuestos para brindar servicios, como escuelas y bibliotecas, para sus ciudadanos.

De manera similar a como el presidente dirige EE. UU., los estados individuales también son dirigidos por una persona que es elegida por votación. A estas personas se les llama gobernadores. Aprueban los presupuestos y las leyes del estado. También pueden solicitar apoyo de la Guardia Nacional, la rama de las fuerzas armadas que tiene responsabilidades tanto estatales como federales. En caso de emergencia, el presidente también puede pedir ayuda a la Guardia Nacional.

Muchos gobernadores viven en grandes casas llamadas mansiones. La mansión del gobernador de Nueva York una vez tuvo un zoológico con osos, monos y otros animales.

El **mandato** de un gobernador es de cuatro años. Virginia es el único estado que no permite que el gobernador sea elegido por dos términos seguidos. El gobernador de Virginia puede volver a postularse, pero nunca al final de su primer mandato. Muchos estados no tienen límite en la duración del mandato. Esto significa que una persona podría ser reelegida para el cargo de gobernador tantas veces como lo quiera el pueblo.

NELLIE ROSS, LA PRIMERA MUJER ELEGIDA GOBERNADORA DE WYOMING

¿SABÍAS QUE...?

LA BANDERA DE EE. UU. TIENE TRECE FRANJAS Y CINCUENTA ESTRELLAS. LAS TRECE FRANJAS REPRESENTAN LAS COLONIAS ORIGINALES DE EE. UU. LAS CINCUENTA ESTRELLAS REPRESENTAN LOS CINCUENTA ESTADOS. EL NÚMERO DE ESTRELLAS PODRÍA AUMENTAR, PERO EL DE LAS FRANJAS, NO.

¿CÓMO PODRÍAS
APRENDER MÁS?

★ ★ ★ ★ ★ ★ ★ ★ ★ ★ ★ ★ ★ ★ ★ ★ ★ ★ ★

Un día, puede que seas un agente de la FBI o un diplomático que resuelva temas que afecten a todo el planeta. O tal vez **seas el presidente** de EE. UU. Sin embargo, no tienes que esperar para explorar más todo lo que nuestro gobierno puede hacer.

Puedes visitar la Casa Blanca ahora mismo. Hay visitas guiadas casi todos los días, y son gratuitas. Cuando vayas a Washington, D. C., haz un picnic en la Explanada Nacional y visita uno de los muchos museos de la Institución Smithsonian.

QUIZÁ QUIERAS ESCRIBIRLE A QUIÉNES TE REPRESENTAN EN EL CONGRESO ACERCA DE LA CONTAMINACIÓN EN EL RÍO LOCAL.

Si no puedes viajar a Washington, D. C., no te preocupes. Puedes hacer mucho sin siquiera salir de tu casa. Primero, averigua quiénes son tus miembros en el Congreso. Usa tu código postal para identificar a tu representante. Tu senador depende del estado en el que vivas. Una vez tengas sus nombres, envíales una carta. Cuéntales si hay algo que te apasiona y describe el cambio que te gustaría ver. O diles si los quieres conocer.

Puedes hacer lo mismo con tu gobernador, tu alcalde o incluso tus representantes en la Junta Escolar. Todas estas personas trabajan para ti. Deberías asistir a las reuniones públicas en la alcaldía con tus padres u otro adulto. Puedes ver a **funcionarios** elegidos en acción en la televisión. Algunos de los funcionarios tienen días destinados para que los jóvenes pueden asistir a sus reuniones.

LA PROTECCIÓN DEL MEDIOAMBIENTE ES UN TEMA IMPORTANTE PARA MUCHOS JÓVENES.

CÓMO MARCAR LA
DIFERENCIA

★ ★ ★ ★ ★ ★ ★ ★ ★ ★ ★ ★ ★ ★ ★ ★ ★ ★ ★ ★

Si algo va mal en tu comunidad, ¡pronúnciate! Si hay que reemplazar el tobogán en el parque donde vas a jugar, ve a reportarlo en alguna reunión de la alcaldía. O escríbele una carta a tu alcalde o alcaldesa. Varios niños y adolescentes como tú han marcado la diferencia en sus comunidades y, a veces, en todo el mundo.

★ NIÑOS ★ GOBERNADORES

¿Y qué pasa con los chicos que ya quieren postularse para un cargo público? En varios estados hay un programa llamado Kid Governor® (Niño(a) gobernador(a)) para estudiantes de quinto grado, creado por The Connecticut Democracy Center. En este programa, el elegido llega a ser Kid Governor por un año. Elena Tipton, la primera niña gobernadora de Connecticut, trabajó para reducir el hostigamiento escolar, o *bullying*. Logró que colocaran "Banquitos de amigos" en quince escuelas y parques de Connecticut. Un chico puede sentarse en uno de esos banquitos para buscar un amigo. Es muy útil cuando te sientes triste y necesitas encontrarte con gente amable.

Para postularte para Kid Governor, primero comprueba si tu estado participa. Luego, elige tu plataforma. La plataforma es el área en la que esperas enfocarte. Por ejemplo, la Kid Governor de Oregón, Emerie Martin, se dedicó a prevenir el maltrato de animales. Después de que tengas tu plataforma y te incribas, explícales tus ideas a posibles votantes a través de un video. ¡Estudiantes de todo el estado votarán, y el ganador será el gobernador!

¡ENTÉRATE!

Ya sea que vayas a postularte ahora o en el futuro, o que planees escribirle una carta a tu representante en el Congreso, saber cómo está organizado tu gobierno es el primer paso hacia el éxito.

¡Tienes que conocer tus derechos constitucionales y saber cómo funciona tu gobierno!

GLOSARIO

agencia
organización establecida por el gobierno para administrar un área o tema en particular

artefactos
objetos hechos por humanos en el pasado que revelan algo acerca de la historia o la cultura

cámara
una gran sala donde se reúnen legisladores para debatir proyectos de ley

cambio climático
cambios en los climas de la Tierra que muchos científicos creen que son causados por la actividad humana

colega
compañero de trabajo o funcionario que realiza un trabajo similar

delitos cibernéticos
crímenes cometidos en línea, como la propagación de virus informáticos o el robo de dinero al acceder a la cuenta bancaria de alguien

democracia
sistema político en el que el gobierno es elegido por ciudadanos que votan en elecciones

ejecutivo
se refiere a la rama del gobierno que lleva a cabo y hace cumplir las leyes

embajador
funcionario enviado por un país a vivir en otro país para representar su país de origen

enmienda
cambio o adición a un documento legal, como una constitución

federal
el nombre del gobierno nacional de EE. UU., o cualquier gobierno con poderes compartidos entre estados y un gobierno nacional

funcionario
alguien que trabaja para el gobierno u otra organización pública

gabinete
los jefes de agencias ejecutivas que aconsejan a un presidente y llevan a cabo sus planes

impuesto
dinero que se paga al gobierno para ser utilizado en servicios públicos

independencia
cuando un país se libera del control del gobierno de otro país

judicial
se refiere al sistema de cortes o tribunales de un gobierno

legislatura
la parte de un gobierno que crea las leyes, conformada en EE.UU. por el Senado y la Cámara de Representantes

magistrado
un juez de la Corte Suprema

mandato
el período de tiempo que un funcionario elegido ocupa su puesto

medios de comunicación
nombre colectivo de maneras de informar al público, como la televisión, los periódicos y la Internet.

proyecto de ley
ley que se propone y que se debate en el Congreso

refugiado
una persona que deja su país de origen para encontrar seguridad en otro país

representantes
personas elegidas para trabajar en nombre de un grupo de personas, como los miembros del Congreso

terrorismo
amenazas o violencia contra las personas, llevadas a cabo por razones políticas

ÍNDICE